알면 알수록 더 궁금해지는 놀라운 생화학 교실

키즈 유니버시티
KIDS UNIVERSITY

"BABY BIOCHEMIST : PROTEINS"

단백질

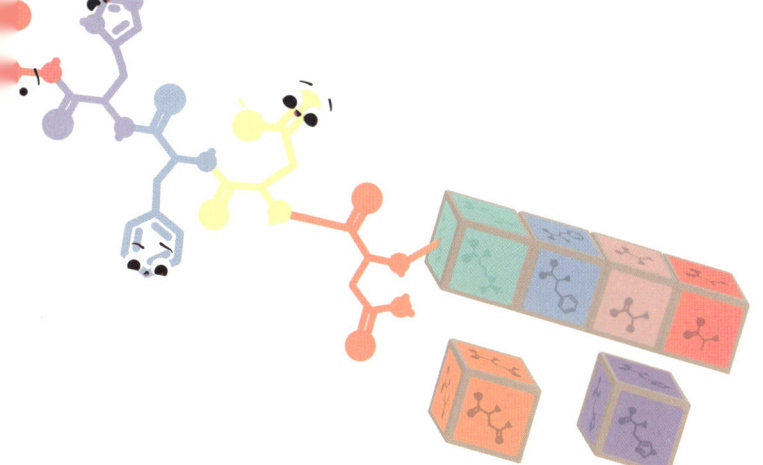

카라 플로렌스 지음 | 정회성 옮김

우리가 사는 마을에는 수많은 사람이 있어요. 이 사람들은 저마다 직업이 다르지만 더 살기 좋은 마을을 만들려고 서로 도와요. 아래의 모자들이 어떤 직업을 가리키는지 맞혀 볼래요?

우리 마을 사람들처럼 우리 몸에도 저마다 하는 일은 다르지만 우리가 건강하게 활동하도록 도와주는 것이 있어요. 바로 **단백질**이에요.

어떤 단백질은 군인과 소방관처럼 우리 몸을 **보호**해요. 또 다른 단백질은 환경미화원처럼 우리 몸 안에 있는 찌꺼기를 모아서 실어 나르지요.

집을 짓는 사람들처럼 무언가를 **건설**하는 단백질도 있어요.

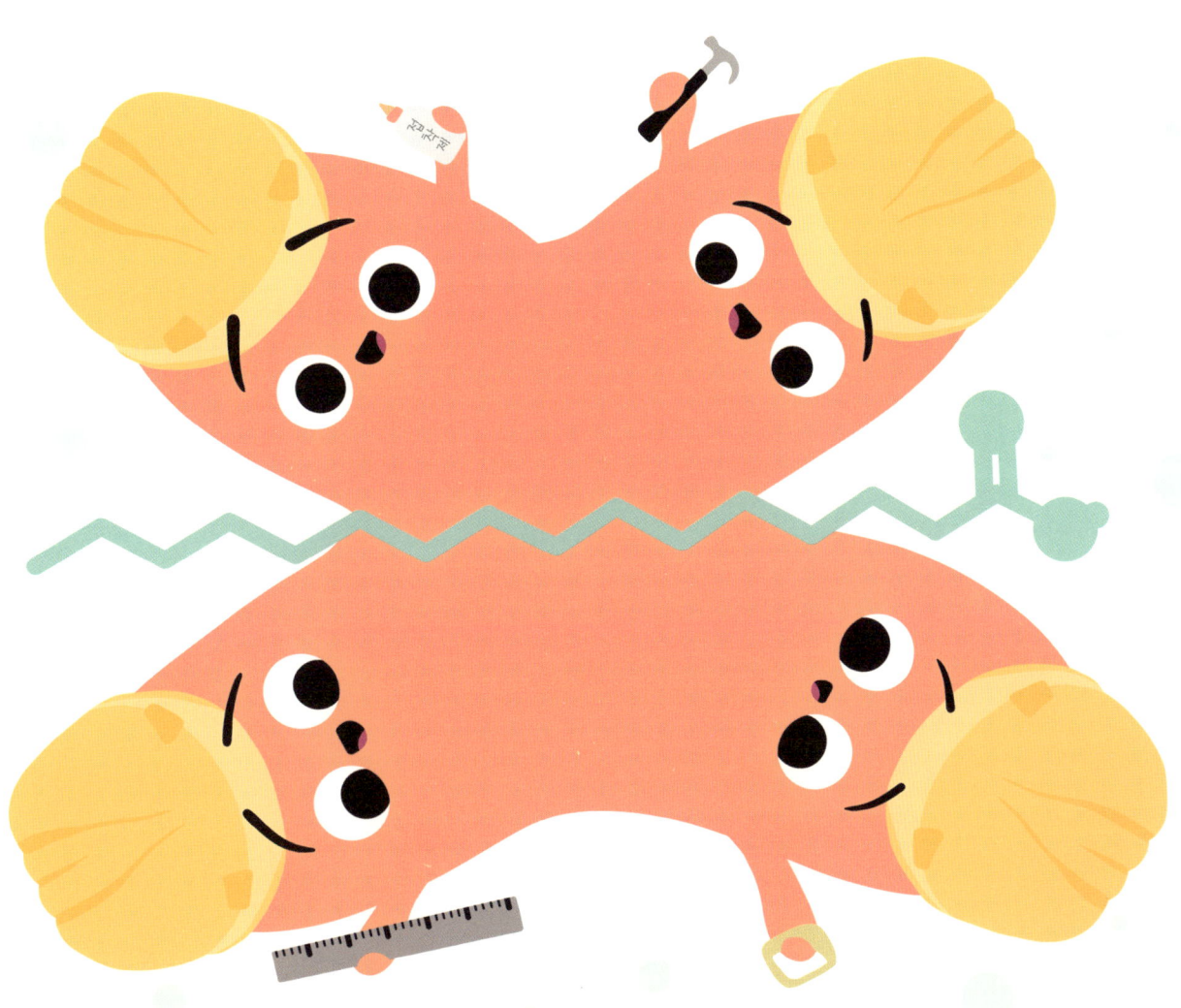

지방산 합성 효소

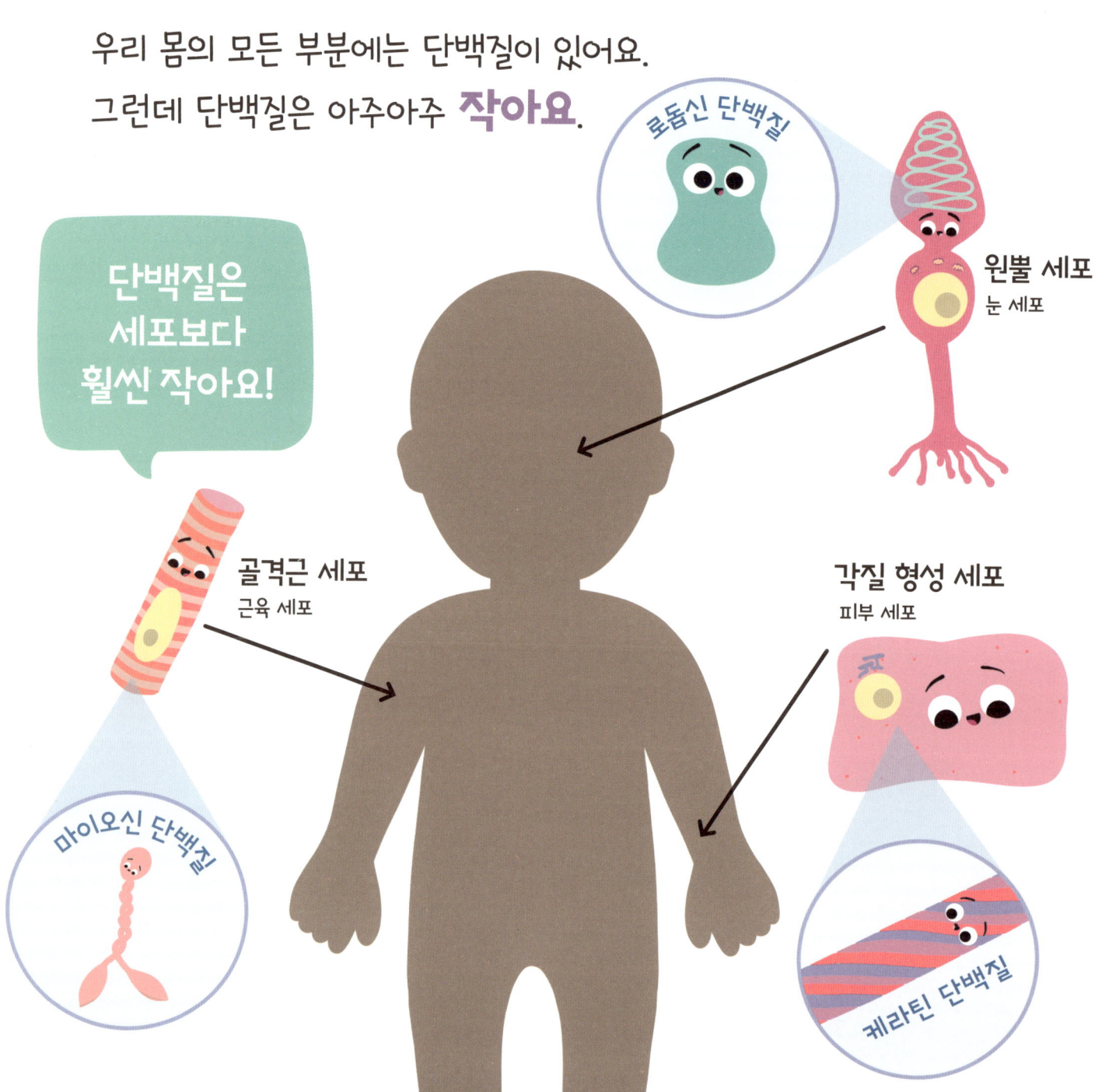

먼지

단백질은
먼지 알갱이보다도 작아요!
먼지 한 알에 수천, 수만 개의 단백질이 들어갈 수 있어요!

단백질은 저마다 다른 일을 하고 있어요.
그래서 **모양**도 서로 다르답니다.

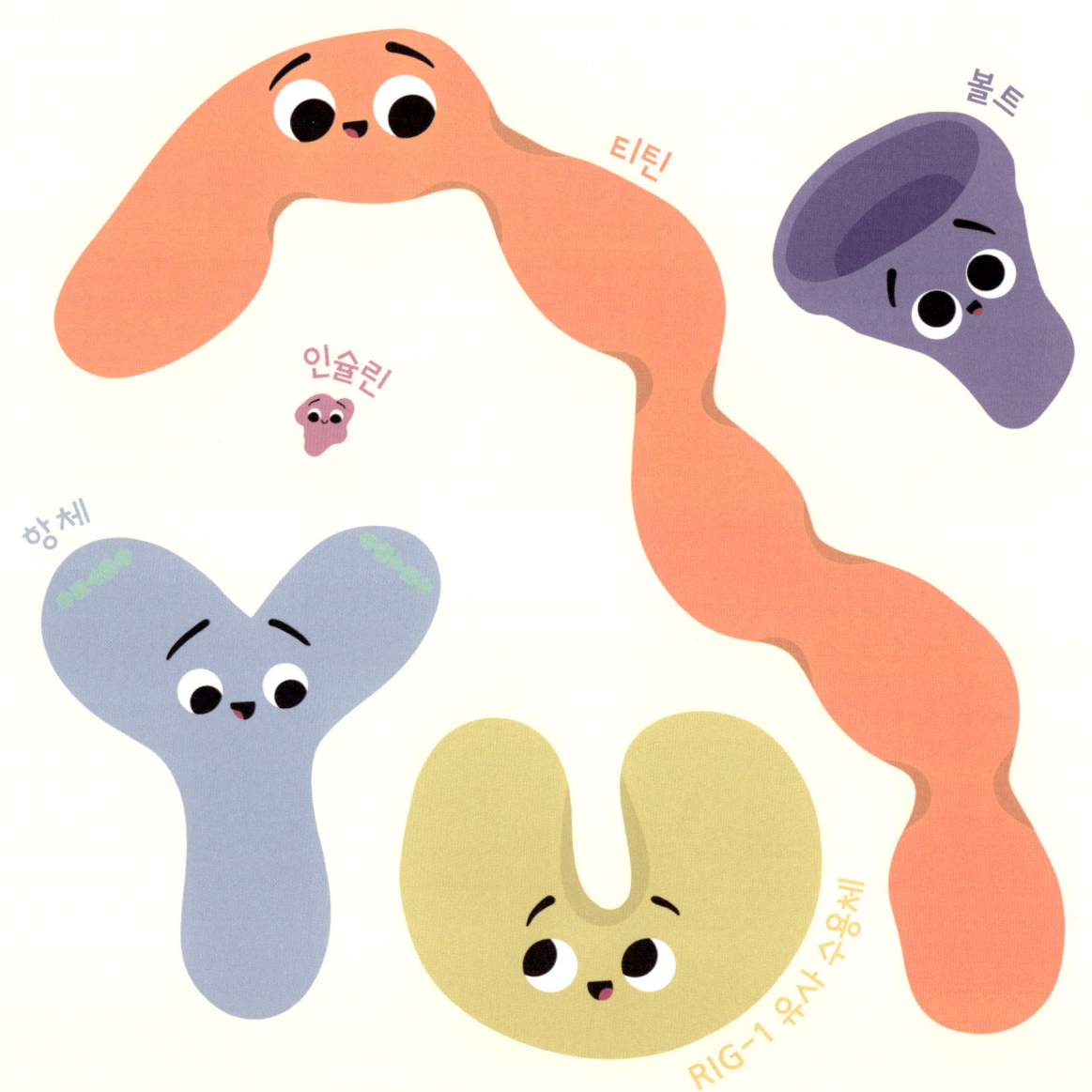

아래 그림은 단백질의 구조예요. 단백질의 **구조**를 보면 단백질이 무슨 일을 하는지 알 수 있어요.

단백질 구조는 단백질을 이루는 **아미노산**이 어떤 순서로 놓여 있느냐에 따라 달라져요.

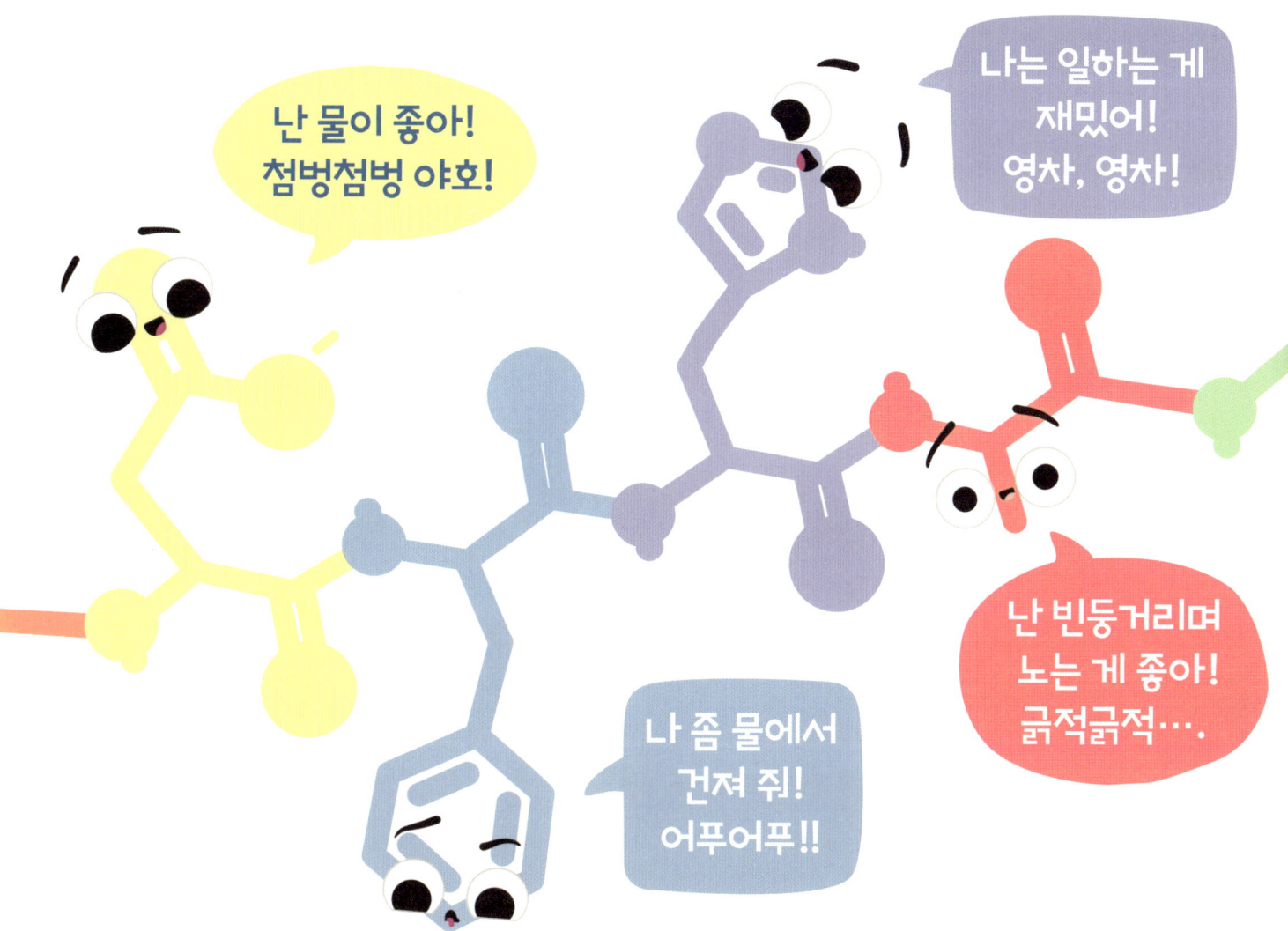

물을 좋아하는 아미노산이 있는가 하면, 물을 싫어하는 아미노산도 있어요. 또 부지런히 일을 벌이는 아미노산도 있고, 아무 일도 하지 않고 빈둥빈둥 놀기만 하는 아미노산도 있답니다.

이런 아미노산들의 상호 작용은 **아미노산 사슬**을 만들어요. 이 사슬은 한쪽으로는 꼬이고, 또 다른 쪽으로는 접히면서…

알파 나선 구조

베타 병풍 구조

단백질의 구조를 만들어요! 아미노산이 꼬여 비틀린 모양은 **알파 나선 구조**, 병풍처럼 접혀 있는 모양은 **베타 병풍 구조**라고 한답니다.

단백질은 이렇게 생겼는데…, 너무 복잡하죠?
조금 더 단순한 그림으로 설명해 볼게요!

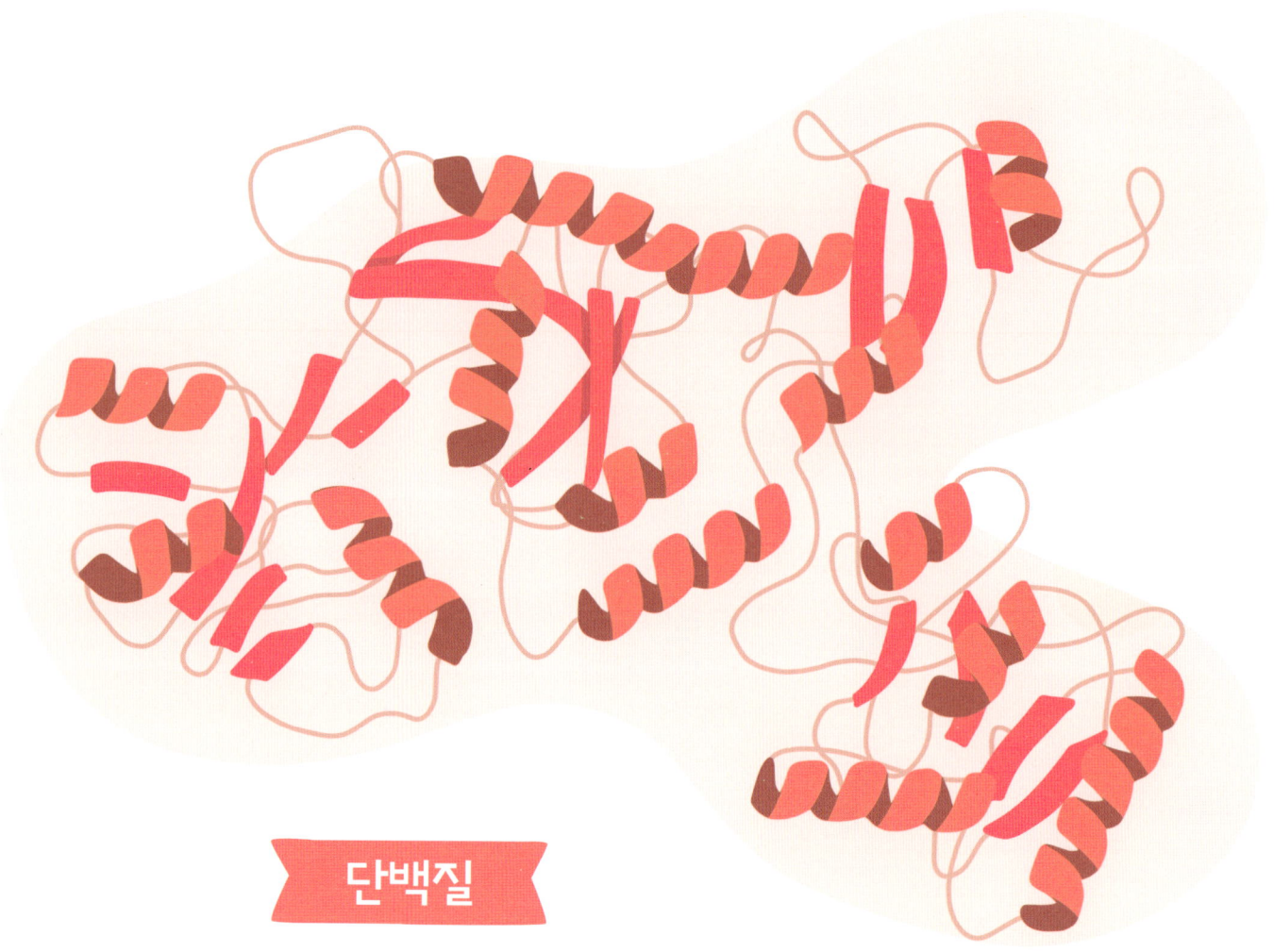

단백질

한결 깨끗하지요? 같은 모양이지만 간단해졌어요!

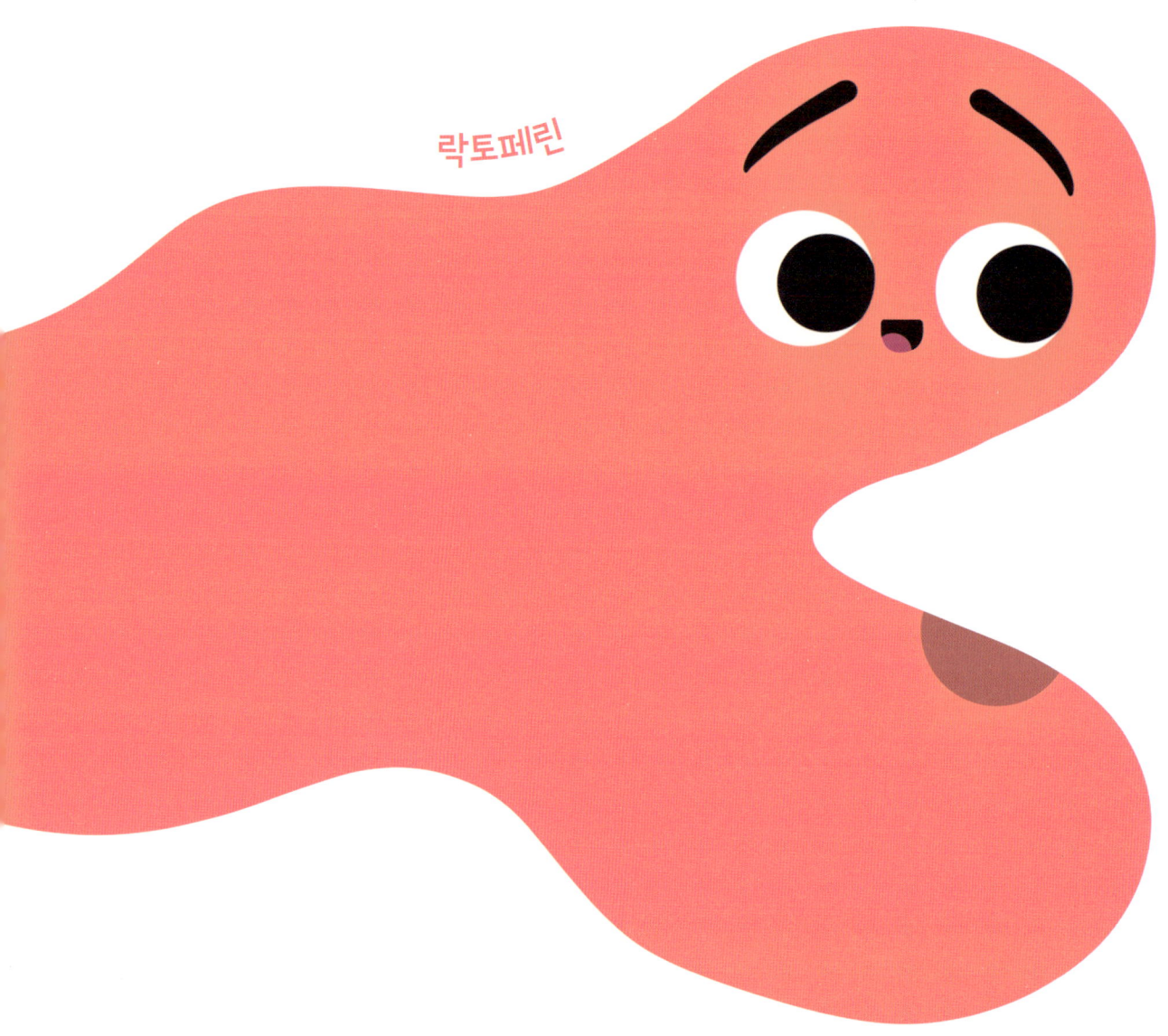

이 단백질은 **락토페린**이에요. 락토페린은 **철분**을 실어 나르는 일을 해요. 철분이 락토페린 안으로 미끄러져 들어가도록 책을 기울여 볼래요?

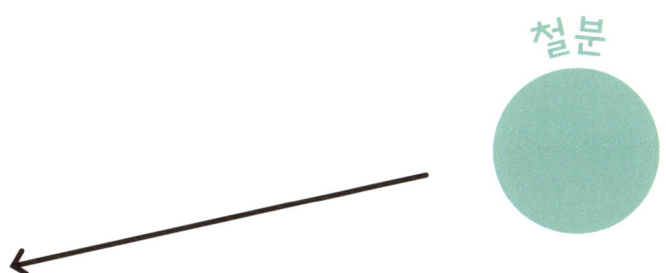

야호, 성공했어요!
락토페린은 철분이 안으로 들어오면 입을 앙 다문 모양으로 바뀌어요.
이제 철분을 안전하게 실어 나를 수 있겠네요!

단백질은 이렇게 모양을 바꾸면서
근육을 움직이고 세포가
메시지를 보내게 하는 등
중요한 역할을 해요!

이런 변화를 **구조 변화** 또는
형태 변화라고 해요.
우리가 간지럼을 타거나 추울 때
몸을 웅크리는 것과 비슷하지요?

이 단백질은 **성장 호르몬 수용체**예요. **GHR**이라고도 하지요. 우리가 자라는 데 도움을 주지만, 혼자서는 일할 수 없어요.

쑥쑥 자라고 싶지요? 그러려면 **성장 호르몬 수용체**에 맞는 **리간드**를 결합해야 해요. 리간드를 성장 호르몬 수용체로 끌어 옮겨 봐요.

리간드

이제 **성장 호르몬 수용체**는 우리 몸에 성장 신호를 보내요.

성장 호르몬 수용체는 우리 몸이 쑥쑥 자라도록 열심히 일해요.
여러분은 올해 키가 얼마나 컸나요?

단백질은 이렇게 우리 몸에서 여러 가지 놀라운 일을 해요!

단백질아, 고마워!

계속 관심을 기울이다 보면 여러분도 언젠가
단백질을 연구하는 멋진 생화학자가 될 수 있을 거예요!

단백질

초판 1쇄 발행 2023년 11월 15일
지은이 카라 플로렌스 **옮긴이** 정회성
펴낸이 김현태 **펴낸곳** 책세상어린이 **등록** 2021년 1월 22일 제2021-000032호
주소 서울시 마포구 잔다리로 62-1, 3층(04031) **전화** 02-704-1251 **팩스** 02-719-1258
이메일 editor@chaeksesang.com **광고·제휴 문의** creator@chaeksesang.com
홈페이지 chaeksesang.com **페이스북** /chaeksesang **트위터** @chaeksesang
인스타그램 @chaeksesang **네이버포스트** bkworldpub

ISBN 979-11-5931-787-3 74080
ISBN 979-11-5931-969-3 (세트)

잘못되거나 파손된 책은 구입하신 서점에서 교환해 드립니다.
책값은 뒤표지에 있습니다.
책세상어린이는 도서출판 책세상의 아동·청소년 브랜드입니다.
전 연령의 어린이에게 적합한 도서입니다. Printed in Korea

All rights reserved
including the right of reproduction in whole or in part in any form.
This edition published by arrangement with Sourcebooks, LLC.
This Korean translation published by arrangement with
Chris Ferrie in care of Sourcebooks, LLC through Alex Lee Agency ALA.

이 책의 한국어판 저작권은 알렉스리에이전시 ALA를 통해 Sourcebooks, LLC사와 독점 계약한 책세상에 있습니다.
저작권법에 의해 한국 내에서 보호를 받는 저작물이므로 무단 전재와 복제를 금합니다.

지은이 **카라 플로렌스**

생화학자예요. 미국 이오나대학교에서 화학을 공부한 뒤 콜로라도 볼더대학교에서
생화학 박사 학위를 받았어요. 딸 셋과 함께 요리하고 실험하는 것을 즐기며,
어렸을 때부터 과학을 쉽고 친밀하게 느낄 수 있도록 어린이를 위한 책을 쓰고 있어요.

옮긴이 **정회성**

도쿄대학교 대학원에서 비교문학을 공부하고 성균관대학교와 명지대학교에서 번역 이론을 강의했어요.
지금은 인하대학교 영어영문학과 초빙교수로 재직하면서 번역가로 활동하고 있어요.
《피그맨》으로 2012년 IBBY(국제아동청소년도서협의회) 어너리스트(Hornor List) 번역상을 받았어요.
옮긴 책으로《위대한 개츠비》,《인간 실격》,《동물 농장》,《월든》,《이게 모두 사실이라고?》 등이 있고,
쓴 책으로《혼자서도 술술 영어 일기 쓰기》,《책 읽어 주는 로봇》,《내 친구 이크발》 등이 있어요.

'키즈 유니버시티 시리즈' 사용 설명서

동화책을 읽어 줄 때처럼, 이 책도 열정을 가지고 읽어 주세요. 엄마나 아빠, 선생님 같은 어른들이 관심을 가진다면, 아이들도 그만큼 책에 주의를 기울일 거예요. 아이들이 이해할 수 있도록 도와주면서 호기심을 자극하세요. 과학이 중요하다는 사실을 알려 주세요.

아이들은 때때로 그림에만 흥미를 느끼고, 내용을 이해하지 못해 답답해하며 질문을 쏟아 낼지도 모릅니다. 그러면 가장 먼저 아이를 칭찬해 주세요. 또 함께 풀어 보자고 의욕을 북돋워 주세요. 생각과 질문이 얼마나 중요한 것인지도 얘기도 주시고요. 정답을 알지 못해도 괜찮다고 다독이며, 때로는 답을 찾아가는 과정이 더 재미있다는 것도 알려 주세요. 아이가 던지는 질문에 대한 가장 좋은 대답은 바로 "네 생각은 어떠니?"라고 되묻는 것입니다.

자신의 생각을 잘 표현하는 아이로 성장하려면, 학습이 하나의 과정이라는 사실을 꼭 이해해야 합니다. 성공은 단순히 정답을 맞히는 것 이상의 의미를 갖습니다. 성공이란 질문을 던질 수 있는 용기, 답을 찾아내려는 끈기, 틀렸을 때 다시 일어설 수 있는 회복력을 갖추는 것을 의미합니다. 틀려도 괜찮습니다. 모든 실패는 성공을 향한 걸음이니까요. 이 걸음에서 어른들의 역할은 아이에게 과학을 가르치고 사실을 알리는 것에 그치지 않고, 평생 배움을 이어 나가는 데 필요한 기술과 마음가짐을 깨우치게 하는 것입니다.

크리스 페리